सीमित से असीमित की ओर

Deependra Srivastava

BookLeaf
Publishing

India | USA | UK

Presentation by *BookLeaf Publishing*

Web: www.bookleafpub.com

E-mail: info@bookleafpub.com

ISBN: 9789363312562

First edition 2024

जो सभी कारणों का कारण है

उन परमात्मा को समर्पित है

ACKNOWLEDGEMENT

उन सभी लोगों को समर्पित जो एक उदाहरण बनकर और महानता के लिए दूसरों को सशक्त बनाकर दूसरों का जीवन बदलते हैं।
मै उन सभी का धन्यवाद करता हूँ जिनके कारण मैंने लिखना शुरू किया ज़िंदगी के रहस्य को देखना शुरू किया, दर्द और दुख को हीन भावना की नज़र से देखना बंद किया। और सबसे बड़ा धन्यवाद मेरे आध्यात्मिक गुरु का— उनके बग़ैर ये सब कुछ नहीं होता। मेरी विशाल सोच, मेरी विशाल नज़र, अगर वो देन है तो मेरे गुरु की और मेरे माता-पिता की जिनके कारण से मुझे ऐसी संगति मिली जिसने मेरे व्यक्तित्व पर एक अलग छाप छोड़ी है। और उनका भी शुक्रिया जिनकी वजह से ये पुस्तक अस्तित्व मे आई।

PREFACE

आज हम सब अपने आसपास ध्यान से देखेंगे तो पाएंगे कि लोगो के नज़रिये एक सीमा तक बंध चुके हैं, और वो ज़िंदगी के हर विषय पर, जिसके कारण हम उसके पार देखने में सक्षम नहीं हो पाते।

मुद्दा कोई भी हो ज़िंदगी में जिसके कारण से हम अनेको दुख मानसिक स्तर पर झेलते हैं और उनका कारण ज़्यादातर हमारा सीमित नज़रिया ही होता है जो आजकल के समाज में आम है हर कोई अब ज़्यादा मेहनत नहीं करना चाहता, सोचने की या ये देखने की समझने की कि जिस विषय पर हम सीमित हो रहे हैं क्या वही अंतिम सच है और यही मोह है क्योंकि मोह अपने इर्द-गिर्द तक ही रहता है, वो उसके पार देखने में असक्षम होता है और दूसरी तरफ प्रेम जो सब में उसको और उसको सब में देखता है जिसके कारण से वो असीमित होता है और असीमित सोच पाता है। आज हम सब प्रेम की इस परिभाषा से वंचित होते जा रहे हैं जिसके कारण से रिश्तों के विषय में, अध्यात्म के विषय में आदि उनके बारे में किसी भी नतीजे पर जल्दी आ जाते हैं, जिसके कारण से हम कई बार गलत फैसलों के शिकार होने से ज़िंदगी मे अंदर ही अंदर दुखी रह जाते हैं। इस भागदौड़ भरी ज़िंदगी में हम इतना व्यस्त हो जाते हैं कि हमारे अंदर का ठहराव ही गायब सा हो जाता है, कहीं जिसके कारण से हम एक सीमित मन का शिकार होते चले जाते हैं। इस पुस्तक में मौजूद कविताएँ एक विशाल सोच, एक विशाल नज़रिया देने की कोशिश करती हैं।

ये प्रेरित हैं मेरे जीवन मे आए संघर्षों के पीछे के महत्व को जानने की जिज्ञासा से और उस जिज्ञासा को अर्थ प्रदान करती मेरे जीवन में उपस्थित आध्यात्मिकता।बिना अध्यात्म के, ज़िंदगी में आए दर्द, संघर्ष हमें उनके सही अर्थों से वंचित करते हैं। पुस्तक के रूप में मैं इस विशालता को आपको तोहफ़े में देता हूँ। आशा करता हूँ आपको ये विशालता पसंद आएगी।

अनुक्रमणिका

21) जितना हम जानते जाते हैं उतना हमें लगता है कि हमें अभी कुछ नहीं पता

22) बिना देखे किसी का वर्णन व्यर्थ है और बिना जाने किसी को लिखना व्यर्थ है

23) राम कौन है?

24) जो मैं अभी जी रहा हूँ वो अतीत में की गई मेरी इच्छा तो नहीं

25) सच की पहचान ज़रूरी है

26) कला निकालकर किस से फिर बात करोगे

27) श्री कृष्ण का वो पक्ष जो अव्यक्त रह गया शायद

28) ईमानदारी और शिद्दत से की गई चीज़ो में कुछ न मिला या खोया कुछ, तो भी कुछ न खोया

29) Feminism का गलत मर्म बनता जा रहा नारी का काल है

30) कुछ न होना ही सब कुछ होना है

31) आनंद क्या है?

32) दुख क्यों है और क्या है इसकी खोज करना

33) प्रेम को न नकारा है उसमें छुपी वासना को नकारा है

34) क्यों परमात्मा ऐसा है

35) सब कुछ दिया तेरा है

36) ये किस धर्म की ओर हम जा रहे

37) सुकून का असली मर्म सिर्फ सच्चा जिज्ञासु जान पाया है

38) दो दिख रहे पर दो हैं नहीं

39) अद्धभुत भारत

40) जीवन जिसने पूरे दिल से जिया फिर क्या
फ़र्क़ पड़ता छोटा जिया या लंबा जिया
41) जब मिलन परमात्मा से होता है तो फिर बुरा
किसी का अपने हाथों से होता नहीं
42) मुश्किलें झेलने की क्षमता हुई कम
43) जब समझ मिली गुरु से की भक्ति क्या है
44) तो क्या हुआ?
45) एक सच्चे पुरुष को भी सब पुरुषों की तरह
तोल दिया जाता है
46) कोमल हृदय परमात्मा को भाए
47) सृष्टि एक प्रेम लीला है

दर्द क्यों है?

अंदर एक चितकार है
दर्द भरी मार है

यूँ तो टूटे हुए साल
हो गए हज़ार है

पर क्या है जो अभी भी
सुकून नहीं तेरे पास है

दर्द की दवा का इलाज लाइलाज है
या उस दर्द के बहाने
ढूँढ रहा सहानुभूति बाहर है?

क्या ये तेरी दुनिया तेरे ही
अंदर के चित्र का प्रमाण तो नहीं

ठीक से देख क्या ये दुनिया
इंसान के अंदर के चित्र का अविष्कार तो नहीं...

एक बच्चा ही क्यों सब चीज़ के लिए ज़िम्मेदार है?

जब एक बेहोशी खुली तो जो सिखाया गया था
जो समझाया गया था
वो पता चला झूठ था
जो पाठ पढ़ाये थे
उसके सिद्धांत मे ही झोल था
इमारत क्यों ना फिर गिरे जब ज़िंदगी की बुनियाद ही
सबकी कमज़ोर थी

ग़मो के पहाड़ पहाड़ क्यों ना लगे जब आसपास के
विद्वानों ने
घर के बूढ़े और जवानों ने
दुखो को ही रुकावट समझ लिया

एक बच्चे को सिर्फ अपने हाथ की कटपुतली बना के
रख दिया
पंख काटकर कहते हैं
ये नालायक है
कुछ कर नहीं सकता

सारा दोष एक बच्चे पे ही क्यों मढ़ दिया?

(भावार्थ - जब एक बच्चे को सही दिशा मिलती है
ज़िंदगी में, दुख-सुख को रुकावट के रूप में नहीं उसके
सामने दर्शाया जाता है, जब उसे जीवन के शुरुआती
दौर में ऊँची चीज़ से परिचित करवाया जाता है तब जो
वो ज़िंदगी में परिस्थितियों के रूप में जो भी अनुभव
करता है उसका सही अर्थ देखने में वो सक्षम होता
जाता है। संसार वही रहता है पर दृष्टि बदल जाती है
पर इसके विपरीत जब उसे ऐसा कुछ नहीं मिलता तब
वो बड़ा अधूरा-सा, दिशाहीन महसूस करता है तब
उसके आसपास वाले उसको बहुत कुछ बोलते हैं पर
क्या इसमें सिर्फ उसी का दोष है या उसके आसपास
वालो का भी? और जब कोई इंसान ये देख लेता है फिर
अपने आपको तो सुधार में लगाकर कुछ ऐसे फैसले
लेता है जो शायद कभी पीछे किसी उस परिवार,
समाज ने ना लिए हो तो उसे एक विरोध का सामना
करना पड़ता है, ऐसा विरोध जो पुरानी सोच से ऊपर
उठने से मना करता हो, नये बदलाव लाने से मना
करता हो, ये कविता उसी को दर्शाती है।)

जब हम सत्य की ओर जाते हैं तो क्या होता है?

जो झूठ मैं था
उसको खोकर

ये मन उस झूठ को फिर से वापस लाने के लिए अजीब
चाल चलता है

सच की ओर जाता देख इसे ये रास ना आता है
परेशान मैं बीच मे फँस-सा जाता हूँ
इधर जाऊँ उधर जाऊँ इसमें उलझ सा जाता हूँ

अजीब ये मन ना खुद चैन से रहता मुझे भी रहने ना
देता है

ये मार्ग कठिन है यह मन कहता है
फिर भी एक अंदर की आवाज़ इसी कठिन रास्ते
चलने की ओर इशारा देती है

दुख-सुख के पार जब से देखने लगा
ये मन अपनी हस्ती को खोते देख डरने लगा
मुझे अब ये डराता बहुत है
गुरुमत का रस्ता छोड़ मनमत का रास्ता पकड़ने को
कहता है

अपनी सारी कलाओ को, पढ़ाई को, समझदारी को
कौशलताओं को निज स्वार्थ मे लगाने को कहता है

पर अंदर एक आवाज़ उन कलाओं को, उन सभी
समझदारियों को
सारी पढ़ाई को सच्चे कर्म मे लगाने को कहता है

यह द्वंद्व प्रकट रूप में मन की भूमि मे रोज़ होते
देखता हूँ
किसी को यह गहन अध्ययन खुदा के सिवा
बता पाऊँ ऐसा साथी कोई ना मिलता है

जिंदगी मे कोई तोड़कर जब जायेगा

क्या पता
किस मोड़ पर
किस जगह
टकराये कोई ऐसा
जो कुछ से कुछ बना जाये
पर तोड़कर बहुत जाये

ऐसे से नफ़रत का विचार आए
लेकिन तुम खुद को निखार कर गवाही दो
कि नफ़रत का वो पात्र नहीं

पर अहंकार तुम्हारा हर वक़्त कोसता जाये
चुनोगे जो पाओगे वही
नफ़रत करके खुदको जलाओगे भी

छोड़ अहंकार जब जाओगे
तभी प्रेम समझ पाओगे

नफरत क्यों करें?

जब दिल में प्रेम का वास है
तो फिर जन्म नफ़रत का होता नहीं
रिश्तों मे तकरारो का नतीजा गुस्सा,
ग़लतफहमी, अन-बन हो सकता है
पर नफ़रत का बीज वहाँ पनपता नहीं

मिले किसी से धोखा या न मिले धोखा
दोनों मे नियति है तो बिछड़ना ही
दर्द मिले दोनों में ही
फिर एक को कोसा हम क्यों करें?
और यूँ ही नफ़रत क्यों करें?

तब कृष्ण प्रकट हुए

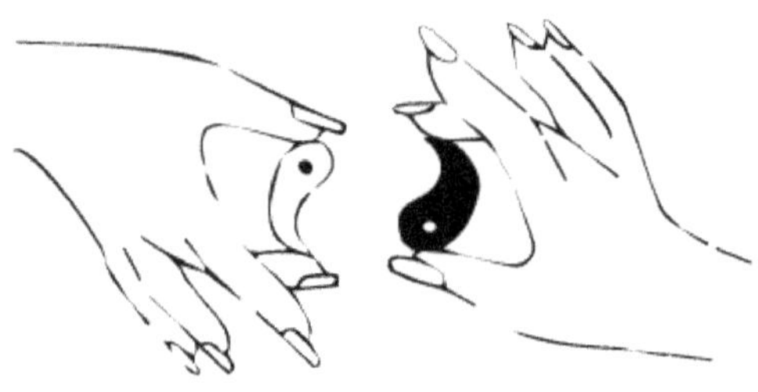

(कृष्ण - यहाँ यह शब्द सत्य को प्रदर्शित करता है,
शारीरिक कृष्ण को नहीं वो कृष्ण जो न कहीं जाते हैं
न आते हैं)

जब मैं अर्जुन-सा भ्रमित हुआ
समर्थ होकर भी जमीं पर गिरा
मन ने संसार की ओर ही देखा
जब हुआ ये मन समर्पित सत्य को
तब कृष्ण प्रकट हुए
तब कृष्ण प्रकट हुए

हर बार ही टूटा इस जग में
पर फिर भी रही आस इस मन की जग में
मन की बेड़ियों को जब तोड़ा
मन के अनेक मुखौटों को जब अलग-अलग कर के
देखा
तब कृष्ण प्रकट हुए
तब कृष्ण प्रकट हुए

पाप-पुण्य में उलझा मन
सुख-दुख में उलझा मन
जब इन दोनों से ऊपर उठा ये मन
तब कृष्ण प्रकट हुए
तब कृष्ण प्रकट हुए

किस्मत-किस्मत कहकर खूब मन को बहलाया
पूजा स्वार्थ वश कर मन चाहा वरदान जब न पाया
तब ईश्वर को गलत ठहराया
जब पूजा का असल अर्थ समझ आया
जब किस्मत का असल अर्थ समझ आया
तब कृष्ण प्रकट हुए
तब कृष्ण प्रकट हुए

समय सब ठीक है कर देता
ऐसा मन ये भ्रम है देता
जब समझ आये की ज्ञान ही क्षण मे हर भ्रम हल है
कर देता
जब समझ आये की ब्रह्मज्ञान ही हर बात का इलाज
है देता
तब कृष्ण प्रकट हुए
तब कृष्ण प्रकट हुए

संसार मे दुख देने वाले ना होते
तो मैं झूठ मे जी रहा या सच मे
ये भेद ना हो पाता

बेशक़ समझा मुझे खुदा ने
बेशक़ सत्य मुझे दिखाया ईश्वर ने
पर जो संसार मे दुख देने वाले ना होते
तो मैं झूठ मे जी रहा या सच मे ये भेद ना हो पाता

आप ही कंस आप ही कृष्ण
आप ही दुख और आप ही सुख

एहसान उनका भी बहुत इस जग मे होता है
जो अपने होकर भी अपने नहीं
पर उनके कारण से ही कौन है अपना
उस अपने का पता चल पाता है

आप ही रावण आप ही राम
आप ही सुख-दुख और आप ही आनंद

पीड़ा देने वाला कुछ पल कुछ साल के लिए
तो किसी के लिए ता-उम्र बुरा रहता है
हर कोई इतना विशाल हृदय नहीं रखता शुरुआत में
कि सबको माफ़ कर दे हर हालात में
पर यही वो प्रक्रिया जिसने पूरे हृदय से जी कर
दिखलाई है
उसी ने अंत मे विशाल हृदय की महिमा पाई है

और उसी को पीड़ा देने वाले और पीड़ा हरने वाले मे
कोई भेद ना दिखा है
उसी को पीड़ा देने और हरने वाले मे राम ही दिखा है
क्या, क्यों और ये ऐसा क्यों का प्रश्न हटा है
ये एक लीला और अद्भुत खेल है
ये सिर्फ कुछ को दिखा है

कौन है शिव?

मूर्त से अमूर्त की ओर जाने का नाम शिव
साकार से निराकार की ओर जाने का नाम शिव
मृत्यु के स्थान को पवित्र मानने का नाम शिव

हर छोटे बड़े जीव को अपनाने का नाम शिव
उनकी मूरत से ज़्यादा उनके चरित्र को पूजने का नाम
शिव
भोलेपन का सही अर्थ समझाने का नाम शिव
विष और अमृत को भी शुभ-अशुभ के पार देखने का
नाम शिव

वही हरि, वही शक्ति, वही प्रकृति, वही माया, वही
महामाया का नाम शिव
शाब्दिक से मार्मिक अर्थ जाने की यात्रा का नाम शिव

अध्यात्म तन का नहीं मन का विषय है

मुक्ति का पद पाना ही हर पूजा का पहला और अंतिम
लक्ष्य है
मुक्ति बिन सारी उपलब्धियां बंधन का कारण बन
तुच्छ है

तन की दुर्बलता, तन के रोग
ये माया इन्ही का प्रयोग करके भरमाती है हर रोज़

अध्यात्म विषय है मन का
ये माया मन को विचलित कर पूरन से दूर करवाती है
जिसने ना कर पाया अपने मन को मुक्त
ये माया पूरन से मिलवाकर भी उस पूरन को भी
अपूरन दिखलाती है

होंगे ईश्वर साथ में फिर भी माया भटके मन को दूर
दिखलाती है
और ये माया भटके मन को क्षणिक समाधान के
लालच में फँसाती है

जिसने की कृपा खुदपर वही जन गुरु की कृपा का पात्र
बन पाता है
घेर ले आकर दुख भी
तब भी गुरु कृपा उसको भटकने ना दे पाती है

और इस जग मे जो मन से मुक्त है
वो चाहे दुख मे हो या सुख मे
संसार के ताने-बाने
असर न कर पाते हैं
शरीर की दृष्टि से देखेगा जो जन वो भ्रमित हो
जाएगा
ज्ञान चक्षु से जो देखेगा जन वो ईश्वर की योजना
समझ जाएगा

तन का मिटना तय है
आज मिटे या कल मिटे
किसी रोग से मिटे या काल से मिटे
पर जो जन जीते जी खुद को न मिटा पाया
वो इस जन्म मुक्ति पद से चूक जाएगा

असीमित को सीमित करना ही भूल है

उस असीमित को सीमित करना ही भूल है
वो असीमित है इसलिए कण-कण मे वास करता है
वो असीमित है इसलिए कभी किसी रूप तो कभी और
कोई रूप में आता है

होता वो सीमित तो हर बार एक ही रूप नहीं आता
क्या
होता वो सीमित तो हम में एक नूर होते हुए भी
भिन्न-भिन्न कलाएँ होती क्या

नारी बनकर विभिन्न गुण और कलाएँ लेकर आता है
तो कभी पुरुष बनकर विभिन्न गुण और कलाएँ लेकर
आता है

तो फिर क्यों हर कोई उस पूरे की पूर्णता को प्राप्त
नहीं कर पाता है
क्योंकि हमारा सीमित मन जब असीमित नहीं हो
पाता है
तो फिर वो अपने संगी-साथियों को भी सीमित बेड़ियों
में बांधता जाता है
और ऐसे समाज में हर दिन एक आदमी इसका
शिकार होता जाता है

पर कुछ होते हैं बिरले
जो इन सीमित बुद्धि वालों के हाथ में ना आते हैं
और वही ईश्वर को और खुदको जान पाने की
संभावना को मुमकिन कर पाते हैं

और ऐसे प्रेमी जन को ये समाज जीते जी उनका
सम्मान ना करके मरने के उपरांत पूजा करते जाते
हैं..

किया सबकुछ पर जो ज़रूरी था वो न किया

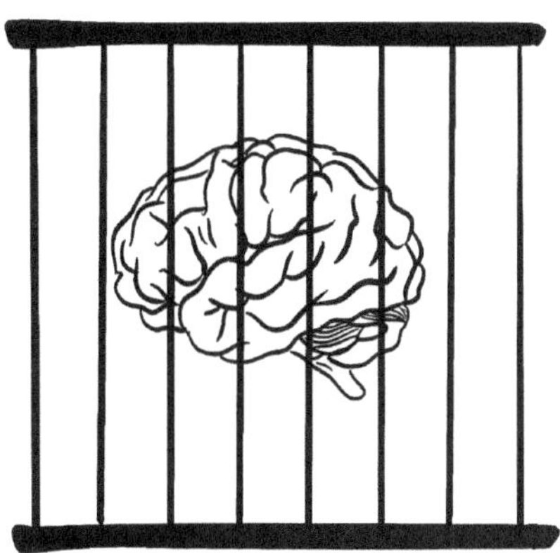

इस संसार मे सबसे इश्क़ किया
खुदा से न किया तो क्या किया?

इबादत के नाम पर हर कर्म कांड किया
अपनी "मैं" का बलिदान न किया तो क्या किया?

रब को सबकुछ समर्पित किया
पर अपने आप को समर्पित न किया तो क्या किया?

उनके विग्रह पर पूजा हर दीया
पर उनके चरित्र को धारण न किया तो क्या किया?

धर्म के नाम पर हर कर्म किया
पर धर्म क्या ये न जाना तो फिर क्या किया?

इसका गायन बहुत किया
कि राम करें सो सही
तो फिर दुख मे ये गायन चरितार्थ क्यों न हुआ?
दुख मे पूछा मैं ही क्यों
फिर सुख मे क्यों न पूछा मैं ही क्यों?

अस्थिर से जोड़ नाता स्थिर से तोड़े बैठे हैं

परिवर्तन से जोड़ नाता
अपरिवर्तित से तोड़े बैठे हैं
सुख है क्या ये बिना जाने
अंधो की भांति नकली सुख के पीछे हर पल भागते
रहते हैं

पूरन की सहजता से छुड़ाकर हाथ
अपूरन के चमत्कारों मे बहकते रहते हैं
ये माया है रहती सहज
जब हम भी सहज में रहते हैं
चेतन होने के बजाए
चालाकियों का हाथ पकड़
हम स्वयं खुद के लिए गड्ढा खोदते रहते हैं

मोह को प्रेम समझ
प्रेम के मर्म को खा बैठे हैं
और झूठ से जोड़ नाता
सत्य से नाता तोड़े बैठे हैं

दुख को सुख
और सुख को दुख मान बैठे हैं
और जगाने वाले को ही
अपना दुश्मन मान बैठे हैं

फिर कोई कैसे जलती मशाल बने
जब अँधेरे को ही हम अपना
सत्य मान बैठे हैं
अँधेरे से जोड़ नाता
रोशनी से नाता तोड़ बैठे हैं
और अस्थिर से जोड़ नाता
स्थिर से नाता तोड़ बैठे हैं

तुम कितने विशाल हो

तुम आते धरा पर
लीला भी मर्यादा में करते हो
तुम अपनी रची प्रकृति के स्वामी होकर भी अपने
मानव अवतार के कष्टों में उसको न बदला करते हो
अपने प्रारब्ध को भी हँस के स्वीकारा करते हो
तुम भगवान होकर भी खुद को भगवान न बताया
करते हो

तुम शक्तिमान होकर भी
शक्ति का दुरुप्रयोग न करते हो
और हम ज़रा-सी पाकर शक्ति
तुम्हारी प्रकृति का ही विनाश करते हैं
कमज़ोरो पर अत्याचार किया करते हैं

दीपेंद्र को आता रोना है
जब तुमको कोई बिना जाने अपने कष्टों के लिए
तुमको दोष देता है

चमत्कार तुम हो
चमत्कारी तुम हो
पर सहज जीवन के आधार भी तुम हो
तुम्हारे चमत्कारी रूप से जो सिर्फ़ प्रीत लगाता हो
वो तुम्हारे दिए अमृत-रूपी प्रेम से भी वंचित हो जाता
है

तुम्हारा छल भी दिल को मलहम लगाता है
तुम्हारा क्रोध भी मेरे सारे विकारों को ले जाता है
दीपेंद्र तुम्हारा आभारी रहे सदा
इसका मत तुम्हारे चरणों में रहे सदा
तुम मेरे प्रेम रहो सदा
मैं तुम्हारा प्रेमी रहूँ सदा

राम राज्य कैसे संभव होगा

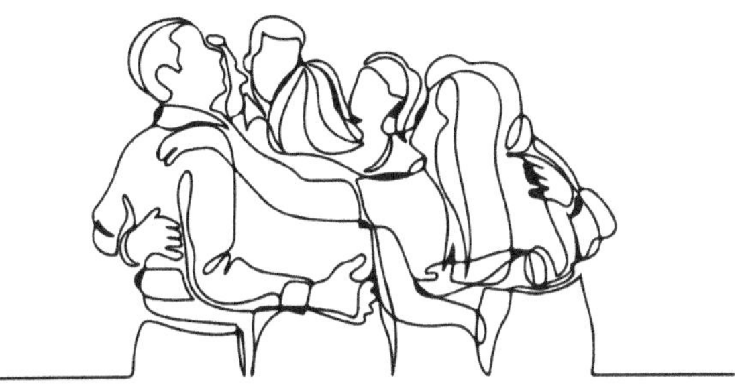

जब राम-सा चरित्र
और कृष्ण-सा प्रेम और ज्ञान
हर मानव के अंदर होगा
तब हर एक इंसान के अंदर राम मंदिर होगा

मंदिर पहले भी थे बहुत
आगे भी बहुत होंगे
जो मानव के अंदर राम मंदिर बन न सका
तो समाज मे दुष्कर्म
छोटी सोच का बोलबाला होगा

जिन्होंने की कुरबानी राम मंदिर के लिए
उनकी फिर कुरबानी व्यर्थ जाएगी
अगर मानव के अंदर राम मंदिर न बन पाया
तो फिर कोई नारी का शोषण होगा
किसी पुरुष पर बेवजह घात होगा

जब कोई राम-सा शीतल ना होगा
तो घर-घर मे कलेश होगा
मंदिर तो होंगे बहुत
पर किसी के अंदर राम के प्रति आदर ना होगा
धर्म तो होगा
पर धर्म का मर्म मरा होगा

इतना मनों में भेद हुआ कि भाषा को भी जातियों में बाँट दिया

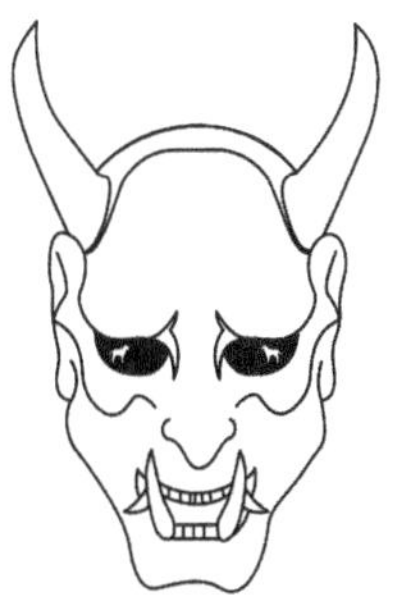

इतना मनों मे भेद भाव का बीज पड़ा है
कि भाषा को भी बाँटते फिरते धर्मों में हैं

मन अपना किसी नकली नेता या नकली इंसान को
बेचकर धर्म का प्रचार समझते हैं

सनातन-सनातन, चिल्ला-चिल्ला कर
सनातन के खुद दुश्मन होते जा रहे कुछ लोग हैं

हिंदी मेरी, उर्दू उसकी भाषा है
ये कह-कह कर अपनी सामान्य बुद्धि का भी
इस्तेमाल ना कर पा रहे हैं
जहां जो पैदा होता उसे जो माहौल मिला
वो उसी भाषा का हो गया
पर इससे सिर्फ अपनी बात को कहने का माध्यम ही
बदल गया
इससे ना बदला उनके अंदर का एक "नूर" वो

खुदा खुद इतना असीमित है उसका संसार कैसे
सीमित हो जाएगा
और बदलकर लोगों को उसके अनेक गुणों का
अपमान हो जाएगा

ग्रन्थ बिना सच्चे गुरु के अगर पढ़े तो मनों में उनके
गलत अर्थों का मर्म आ जाएगा
और फिर दुश्मन धर्म का कोई और नहीं खुद स्वयं हो
जाएगा

अपनी मुक्ति से खुद को वंचित न कर

अपनी मुक्ति से खुद को न वंचित कर
दूसरों के दर्द को भी अपने जीवन मे एक नया रूप दे

दूसरे से नफ़रत कर के अपने मन को गंदा ना कर
हर इंसान समझे तुम्हारी अच्छाई
सिर्फ़ इसलिए अच्छाई ना कर

तू है अच्छा तो लोगों के ताने-बाने को भी
अपनी चेतना को बढ़ाने मे उसका प्रयोग कर

कृष्ण-कृष्ण सिर्फ रटा ना कर
उनके ज्ञान का भी उपयोग कर
और अपने मन को यूँ ही आवेश में आकर मलीन ना
कर

कौन क्या है करता उससे ज़्यादा तुम होते
तो क्या करते इस पर चिंतन कर
और अपनी मुक्ति से खुद को वंचित न कर

खुदा खुद को खुदा कहाँ बताता है

राम आए हर युग में
किसी ने
उन्हें अपना पुत्र माना
किसी ने उन्हें अपना भाई
तो किसी ने कुछ

पर "कोई हनुमान" ही ने शरीर को नहीं नूर को देखा है
ये भ्रम माया का कि ये तो इंसानी चोला है
उसने फिर शरीर ही देखा है
शरीर ही जाना है

राम कर सकते सब हैं
पर वो भक्त के उद्धार के लिए
उससे कर्म करवाते हैं
उसका बीज पड़वाकर उसके मुक्ति का रास्ता खोलते
जाते हैं

ये खुद को कब भगवान कहते हैं
खुद को दास बताकर खुद को आम दर्शाते हैं

(भावार्थ - इस कविता का ये अर्थ है कि भगवान अपने कर्म से हमें ये संदेश दे रहे हैं कि कुछ उपलब्धियां हासिल करने पर या कुछ हो जाने पर भी हमें अति विनम्र रहना चाहिए जिससे हमारे किरदार का और विस्तार हो पाए, जिससे हम किसी चीज़ से खुद के अस्तित्व से जोड़कर सीमित ना हो जाएँ)

जब परमात्मा बोला जाता है तो मन में कही से सुनी सुनाई सी छवि परमात्मा की आती है

जब परमात्मा बोला जाता है तो मन में एक दूसरी
सत्ता का ख्याल आता है

वो कोई और है ये मन मे ख्याल आता है
ये दो होने का विचार ही माया कहलाता है

खुद को जानना
और ईश्वर को जानना एक ही बात है
खुदा कहीं दूर नहीं
वो कोई और नहीं

जिसने खुद को जागृत किया
उसने बस उसको ही पाया
ये दो होने का भ्रम मिटता पाया

मन समर्पण कर पाए
मन अपना अहंकार तज कर किसी को सजदा कर
पाए
इसलिए दो होने का भ्रम फैलाया गया है
एक हो पाए इसलिए दूजे की महत्ता को माध्यम
बनाया गया है

पर माध्यम को ही बंधन का कारण बना लिया जाए
तो ये अपने ही पैरों मे बेड़िया डालने का रचाया एक
जाल है

(भावार्थ - इस कविता का भावार्थ केवल इतना है कि
हम जानने पर विश्वास रखें, ना कि सिर्फ़ मानने पर
क्योंकि जब हम कुछ जानकर मानते हैं कोई चीज़ तो
उस पर यकीन हमारा किसी अवधारणा पर निर्धारित
नहीं होता, वो सत्य पर आधारित होता है और उसके
कारण से हमारे मनों में विशालता का वास होता चला
जाता है। ज़िंदगी के हर पहलू मे और उसके विपरीत
जब हम बिना जाने मानने लगते हैं कुछ तो सिर्फ़
हमारी एक अवधारणा बनकर रह जाती है, उसके
कारण से हमारा मन विचलित रहता है सदा।)

ऊँची चीज से जुड़ाव जब ना हो पाता है

जब बढ़ती उम्र के साथ शरीर का सौंदर्य
एक-एक करके कम होता जाता है
और जब बीमार ये शरीर हो जाता है
तब मन मे असुरक्षा का भाव घिर जाता है

किसी का जब जीवन की शुरुवाती दौर में ऊँची चीज़
से
ये मन न जुड़ पाता है
तब बचा-कुचा उसका शरीर ही सब कुछ हो जाता है
और जब बढ़ती उम्र में वो भी साथ छोड़ता दिखाई देता
है
तब मन मे असुरक्षा का भाव से घिर जाना स्वाभाविक
हो जाता है

जब किसी का मन के अंदर के आनंद के श्रोत से
जुड़ाव हो जाता है
तब जीवन की अस्थिरताएँ उसे अस्थिर न होने देती हैं
जीवन मे असुरक्षा के भाव में वो घिर न पाता है

दीपेंद्र जिसने पूरन गुरु से ज्ञान लेकर स्थिर श्रोत से
जोड़ा नाता है
वह संसार रूपी कीचड़ मे कमल-सा खिलता जाता है
कमल-सा खिलता जाता है

रावण का दूसरा पहलू

रावण मे थी लाख कमियाँ
पर उसके भीतर ज्ञान की ललक अद्भुत थी
हा वो वासना का शिकार हुआ
अपनी मत मे चूर हुआ
अहंकार भरपूर हुआ
पर तारण भी राम के हाथ हुआ

आज के इंसा से बेहतर तो रावण हुआ
आज के इंसानों मे ना ज्ञान की ललक पाई जाती है
राम कौन उसकी पहचान ना पाई जाती है
ना किसी कला में रुचि दिखाई जाती है
पर रावण को हर साल मैदान में आग लगाई जाती है

जिज्ञासा सब में ख़तम-सी दिखाई पड़ती है
बस पकवानों का रह गया त्यौहार है
उसमें भी मिलावट दिखाई पड़ती है

बाहर उजाले के लिए प्रबंध करते बहुत हैं
अंदर के अंधकार पर नज़र ना जाती है
और अंदर के रावण को आग कभी ना लगाई जाती है

बाहरी रावण जलाना ना पाप है
पर अंदर के रावण को बिना जलाए
यूँ ही हर साल बेहोशी में जलाना
यही हमारे दुख के बढ़ने का सैलाब है

(भावार्थ - यहाँ इस कविता में रावण को अच्छा
प्रदर्शित नहीं करा जा रहा है बस एक तुलना की जा
रही है कि कैसे उसमें 'जिज्ञासा' अद्भुत थी और
जिज्ञासा ही ज्ञान की जननी होती है, पर आज हमारे
अंदर जिज्ञासा ना होने के कारण हम मर्म से दूर होते
जा रहे हैं, जिसके कारण से हमारा भीतर का अज्ञान
और अंधकार बढ़ता जा रहा है, बाहरी दुख हमारे इस
बढ़ते अंदर के अज्ञान और अँधेरे की वजह से है, पर
हम ये देख पाने मे असक्षम होते जा रहे हैं, तो ये
कविता सोचने पर मजबूर करती है और एक विशाल
नज़रिया देने की कोशिश करती है।)

जितना हम जानते जाते हैं उतना हमें लगता है कि हमें अभी कुछ नहीं पता

क्या पता जितना हमें अभी पता हो
सिर्फ उतना ही अस्तित्व द्वारा बताया गया हो
क्या पता इससे आगे जानने के लिए मेरा मन ना
तैयार हो पाया हो
और मेरा मन अहंकार में होकर मुझे बहुत पता है का
शोर मचा रहा हो

अस्तित्व है इतना ही या क्या पता इससे आगे भी
लेकर बैठा कोई राज़ हो
किसी नतीजे पर आ जाना मेरी सीमित बुद्धि का ही
क्या पता कोई मायाजाल हो

और क्या पता जितना हमें अभी पता हो सिर्फ उतना
ही अस्तित्व द्वारा बताया गया हो

(भावार्थ - इस कविता के माध्यम से ये बताया जा रहा
है कि हमें कुएँ के मेंढक नहीं बने रहना चाहिए।)

बिना देखे किसी का वर्णन व्यर्थ है और बिना जाने किसी को लिखना व्यर्थ है

कोई इसलिए नहीं लिखता
कि लिखना उसे पसंद था या है
किसी को राम मिले तो कोई तुलसी रामायण लिखता
है
किसी को कृष्ण मिले तो कोई मीरा नाचती व भजन
लिखती है

नाचती दुनिया भी है
नाचते भक्त भी हैं
पर दुनिया नाचे व लिखें कुछ पल के आए जोश में
और भक्त नाचे और लिखें क्योकि उन्हें मिले
अनमोल रतन जीते जी जग में

जिसकी विरह (जीवात्मा की) बहुत कालों की हो और
उसे जब वो (परमात्मा) मिले
तब लेखनी मे रस आता है
तब नाचने मे आनंद आता है

और तब हर जगह राम नज़र आता है
और फिर कोई कवि बन जाता है
कोई भजन लिख जाता है
कोई अनंत ग्रन्थ का ज्ञाता हो जाता है
और कोई मार्गदर्शक बन जाता है
और वही जीवो को असली आनंद का श्रोत दे जाता है

राम कौन है?

राम राम कहते रह गए
जब असल मे दूसरा भेष लेकर राम आए तो हम उसके
विरोधी हो गए

कभी पूछा हमने खुद से कि राम कौन है
राम का रूप असल क्या है
कभी वो कृष्ण हो जाते हैं
तो कभी परशुराम हो जाते हैं
तो कभी कबीर हो जाते हैं
पर असल मे मूल रूप क्या हम ये जान पाते हैं

जब धर्म वो है तो हम एक दूसरे में जातियों मे
विभाजित क्यों हो जाते हैं
क्या कभी पिता बच्चों के विभाजन में खुश हो जाते हैं
तो फिर धर्म तो एकता के सूत्र में जोड़ता है
तो ये आज तोड़ने के काम क्यों करता है?
क्या धर्म हमारा अहंकार तो नहीं बन गया है?

जो मैं अभी जी रहा हूँ वो अतीत में की गई मेरी इच्छा तो नहीं

हम सब अपनी इच्छाओं को जी रहे हैं बस अनजान हैं
इस बात से कि इच्छा ये मेरी है

माँगा था अतीत में जो जाने-अनजाने उसको जी रहे हैं
इच्छा ये अगर मेरी है तो तकलीफ किस बात की

इच्छाओं का देखा था सिर्फ एक पहलू सुख
दूजे पहलू को नकार दिया इसलिए हमारी इच्छा हमें
तकलीफ दे रही है

दूजे को भी अगर सहज स्वीकार लें
तो "कृष्ण" इसी को सम्भाव मे रहना कह रहे हैं
दोनों पहलू के ऊपर उठकर देखने वाले को "कृष्ण"
एक सच्चा योगी कह रहे हैं
और जो दोनों पहलू से अप्रभावित है "कृष्ण" उसी को
समाधी में रहना कह रहे हैं

सच की पहचान ज़रूरी है

जब मैं कृष्ण बोलता हूँ तो कृष्ण न द्वापर के बोलता हूँ
जब मैं राम बोलता हूँ तो राम न त्रेता के बोलता हूँ
वो रूप आएंगे बदल-बदल कर हर बार
पर पहचान ज़रूरी है

हर बार शंकर शंकर के रूप में नहीं आएंगे
हर बार कृष्ण कृष्ण के रूप में नहीं आएंगे
हर बार राम राम के रूप में नहीं आएंगे
वो समय काल परिस्थिति अनुसार बदल ही जाएंगे
पर पहचान ज़रूरी है

वो अगर कण-कण में है
तो लीला उनकी सदैव जारी है
साकार रूप उनका माध्यम है
उनके मूल रूप को जानने का
इसलिए पहचान ज़रूरी है

वरना अनेक प्रलोबन देकर तरह-तरह के गुरु हीरा
जन्म व्यर्थ में गवाएंगे
इसलिए सच्चे गुरु की भी पहचान ज़रूरी है

कला निकालकर किससे फिर बात करोगे

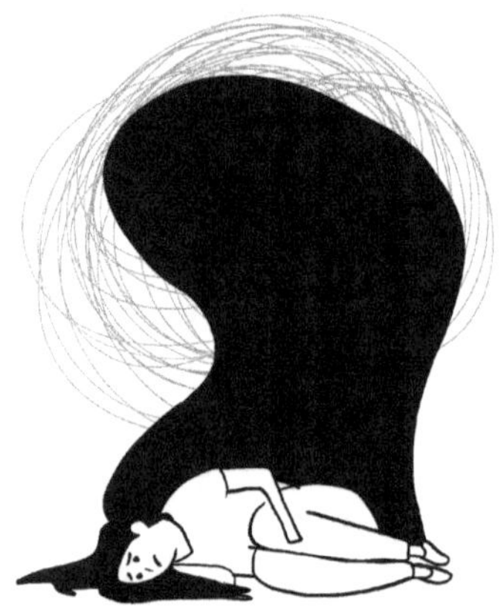

कला को निकाल दोगे मेरे अगर अंदर से
तो मेरी रूह निकालकर किससे फिर बात करोगे
जीवन से जीवन को अगर निकाल दोगे मेरे अंदर से
तो फिर क्या तुम मुझमे जीवन के आनंद का संचार
करोगे

मेरे अंदर से निकाल दोगे नूर-ए-खुदा तो फिर किस
तरह
मेरे साथ ज़िंदगी व्यतीत करोगे
सत्य को निकालकर ज़िंदगी से क्या झूठ में बसर
करोगे
रूह बेचकर खुद के और मेरे साथ कैसे इंसाफ करोगे

मुर्दों की भीड़ में तुम मुझे भी शामिल करोगे

और फिर समाज मे बदलाव का भी इंतज़ार करोगे
ये कैसा चलन है तुम्हारा
दुखो की खुद बेड़िया बनाकर
फिर खुद खुदा पर दोषारोपण करोगे?

(भावार्थ - "कला" शब्द यहा इस कविता मे यह दर्शाता
है "वो संभावना जो हर इंसान के अंदर है" पर ये
समाज, हमारे खुदके rigid beliefs, wrong mindset,
wrong conditioning, हमें उस संभावना से दूर रखती
है और खींचती है पीछे क्योकि उस संभावना के
unlock होने के बाद उसे ये संसार बाँध नहीं सकता
और संसार हमें बाँधकर रखना चाहता है ताकि हम
झूठ मे रहकर कोई प्रश्न न कर सकें कोई बात गलत
होते हुए भी उसका विरोध न कर सकें। एक बच्चे की
उस संभावना को मारने की कोशिश अनजाने ही सही,
समाज से पहले हमारे कुछ parents करते हैं।)

श्री कृष्ण का वो पक्ष जो अव्यक्त रह गया शायद

जन्म हुआ तो मौत ताक लगाए बैठी थी
कहते हैं सब मैं विष्णु का अवतार हूँ
इस बात को कहकर सब मुझे अपने से अलग कर
दिया करते हैं
मैं कैसे बताऊँ कि कोई पैदा होता कृष्ण नहीं
कोई होता बचपन से ही स्वर्ण नहीं

दर्द मुझे भी होता
मैं तुम सब से अलग नहीं
माँ यशोदा ने मेरे मुख मे तारामंडल के किये दर्शन
पर इस बात मे गहराई है
इस बात को चमत्कारी बता इसको किसी ने समझा
नहीं

मैंने तय की है यात्रा नर से नारायण की
यही मेरे जीवन का सार है
पर मुझे पहले ही भगवान बता
ये इंसान अपनी कमियों से ऊपर नहीं उठना चाहता
शायद इसीलिए मुझे बार-बार कई रूप बदलकर
इस धरा पर है आना पड़ता

लोग समझते है की अच्छाई करो और अच्छा फल
पाओ
पर मेरे जीवन का सार ये तो नहीं था
बिन विवेक अच्छा क्या बुरा क्या
इसमें भेद जब तक न कर पाओगे
तब तक झूठी अच्छाई मे उलझें रह जाओगे

कृष्ण-कृष्ण करते रहने से कहा कुछ होगा
जब तक कृष्ण को ही न जाना
तब तक मेरे ही जीवन का असम्मान करते रह
जाओगे
मैंने जो पाना था वो था पा लिया
पर मुझे अपने से अलग कर अपनी हैवानियत को
आग न दे

तुझमे भी मै ही हूँ बसता
उस कृष्ण को एक बार आह्वाहन दे

ईमानदारी और शिद्दत से की
गई चीज़ो मे कुछ न मिला या
खोया कुछ, तो भी कुछ न खोया

जिन्होंने इश्क़ किया शिद्दत से
महसूस किया शिद्दत से
निभाया शिद्दत से
हाथ उनके अगर ग़म भी आया
हाथ उनके अगर दर्द भी आया
तो उन्हें वो मिला जो सबको नसीब नहीं होता

उसके मिलने के बाद खुदा को बहुत आसानी से है
पाया जाता

जिसने सबर दिखाया
जिसने सहना सीखा
उसे वो सब मिला
जो लोग खोजने की कोशिश करते हैं
ऐसा सबर ऐसा धैर्य
उसके हिस्से आया

जिन्होंने इश्क़ वास्तव मे है किया और पाया
वरना बाकियों ने तंज कसा
कइयों की ज़िंदगियाँ हैं बर्बाद की
और ऐसे ज़िद्दियों ने पाक इश्क़ को भी है बदनाम कर
दिया

feminism का गलत मर्म बनता जा रहा नारी का काल है

हर जगह महिलाओ का उपयोग हो रहा पर महिला को
इसकी खबर नहीं

गलत परिभाषा feminism की परोस कर लोग
अपने-अपने कारोबार मे मुनाफा बना रहे

आत्मनिर्भर होने के नाम पर कुछ महिलाएँ खुदको ही
object की तरह treat करवा रहीं
खुद हो गई है एक साज़िश का शिकार और सही बात
कहने वाले को गलत बता रहीं

आत्मनिर्भर होने का मतलब वो दूसरों को दबाना और
कम आँकना बता रहीं

ऐसी ग़लतफहमी का शिकार कुछ महिलाएँ अपना ही शोषण करवा रही
ओ नारी ये किस propaganda का तू शिकार होते जा रही
जाग खुदको देख कितनी बेबस तू होती जा रही

(भावार्थ - आत्मनिर्भर होना गलत नहीं है पर आत्मनिर्भरता की गलत परिभाषा का अनुसरण करना गलत बात है इससे हम अपना ही गलत करवा लेते हैं, हम अपने ही जाल में फँसकर रह जाते हैं और इसका फायदा वो लोग उठाते हैं जो इसका फायदा उठाने में माहिर होते हैं और अपना काम निकलवाने के चक्कर में वो एक महिला को object की तरह उपयोग करने मे सफल हो जाते हैं, और कुछ महिला वर्ग ज्ञान की कमी के कारण खुद को object की तरह treat करवाती हैं। इस कविता का उद्देश्य सत्य को दिखाना है किसी को ठेस पहुँचाना नहीं।)

कुछ न होना ही सब कुछ होना है

जब हम कुछ नहीं होना चाहते है
तब ज़िंदगी हमें सब कुछ बना देती है
जब हम खुद को मिटा पाते हैं
तब हम खुद को पा जाते हैं

ये अध्यात्म का अजीब सा लगता नियम है
पर आँख बंद करके जो इसकी धारा मे बह जाता है
वही ये शब्दों को महसूस करके जी कर हकीकत कर
पाता है

जिसका कोई मित्र तो कोई पराया है
उसकी मैं का उसपर साया है
जो अपने मैं के साये को देख पाया है
उसी ने जाना कि न कोई मित्र न ही कोई पराया है
उद्देश्य ही खुद में सुख और आनंद है
बाक़ी उसमे लगने वाली सारी चीज़े साधन हैं

साधन को सुख बताना ये संसार मे चलता आ रहा पुराना काम है
साधन के पीछे भागते जाना बिना जाने कि ये ही सुख है
अंधी जनता का काम है

आनंद क्या है?

अनकही-सी ख़ुशी होगी
मन मे बुरे करने वालो के लिए भी दुआ होगी
ज़िंदगी जीने की वजह नहीं ज़िंदगी जीने की बस ख़ुशी
होगी

ख़ुशी के पीछे कोई वजह न होगी
दुख मे भी अंतर मन मे एक शांति होगी
दुख-सुख के ऊपर और पार देखने की नज़र होगी

किरदार मे एक लचक होगी
मन भ्रमों के जाल से मुक्त होगा
सोच विशाल होगी
जीव अपने मूल से जुड़ा होगा

दुख क्यों है और क्या है इसकी खोज करना

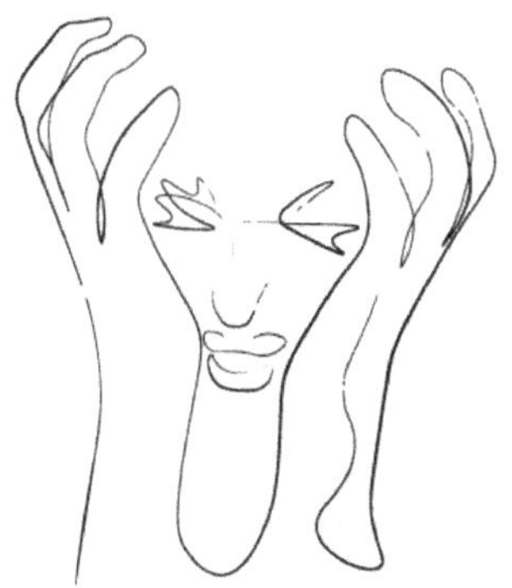

एक हादसा होते ही ज़िंदगी की कीमत बहुत कम
लगने लग जाती है
फिर निकल पड़ते है खुद को ख़तम करने
खोज सही है लेकिन खुदकी तलाश करना
दुख क्यों है और क्या है इसकी खोज करना

क्योंकि हमने दायरे छोटे कर लिए
लेकिन शायद हम उस सोच के दायरे से ऊपर हैं
बस यही एहसास जब होगा तो ज़िंदगी को देखने का
नज़रिया हमारा फिर अलग नहीं सही होगा

क्योकि सीमित नज़रिये से ये दुनिया देखी जा रही
तभी उलझती जा रही

प्रेम को न नकारा है उसमे छुपी वासना को नकारा है

ना नकारा मैंने प्रेम को
बस नकारा उसमे छुपी वासना को
ना नकारा मैंने भौतिकता को
बस नकारा उसमे छुपे झूठे स्वार्थ को
जहा सत्य को नकारा जाता है
समझाता बहुत बार हूँ
तब भी न समझे कोई
तो उसकी नियत पर छोड़ देता हूँ
मै एक पहेली हूँ उनके लिए
जो अभी झूठ में है
और सीधा-सरल हूँ जो सत्य में है

क्यों परमात्मा ऐसा है

वो बेरंगा है इसलिए कोई भी रंग ले सकता है किसी भी
रंग मे हो सकता है

वो अजन्मा है इसलिए कोई भी जन्म कभी और कहीं
भी ले सकता है

वो निराकार है इसलिए कोई भी रूप कोई भी आकृति
ले सकता है

जिन्होंने सीमित उसे किसी रंग-वेशभूषा, किसी
आकार में किया उनसे खुदा बचाये

उसका निराकार होना ही उसके स्वतंत्र अनंत साकार
रूप की संभावना बताता है

उसका बेरंगा होना ही उसे सारे रंगों मे होने की
संभावना को दर्शाता है

उसका अजन्मा होना ही उसको कोई भी जन्म लेने के
लिए स्वतंत्र बनाता है

जिन्हें प्रेम हुआ
उनसे खुदा के बारे में जो पूछा तो उसके लिए संसार ही
मंदिर हुआ तो हुआ मस्जिद

उसकी प्रकृति का कण-कण केदार और काबा हुआ
उसका तीर्थ स्वयं की खोज हुआ
बाहरी मंदिर और मस्जिद का समावेश उसके अंदर
हुआ
उसका जीवन खिल उठा जब ये बताने खातिर सच्चे
गुरु का आगमन हुआ

सब कुछ दिया तेरा है

अच्छी सोच भी उधर ली हुई तुझसे है
वरना इतना ऊँचा सोचना मेरी अपनी काबिलियत ना
थी, ना है

तेरी ही शक्ति है जो बुद्धि में बुद्धि है
वरना जीवन मे इतनी उपलब्धियां करना कहाँ मेरे
बस की बात है

बातें कर लूँ चाहे कुछ भी
पर कुछ पल की बीमारी मुझे इतना कमज़ोर है बना
देती
जब गिरता हूँ तब समझ आता है की शक्ति तुम्हारी है

जो थामे हाथ मेरा है
और मैं व्यर्थ अभिमान बढ़ा खुद को ही समझ रहा
होता सर्वशक्तिमान हूँ

एक पत्ता तुम्हारे बग़ैर हिल नहीं सकता इसका बड़ा
गलत अर्थ लोग लगाए बैठे हैं

कर्म व्यक्ति के हाथ में ही है पर प्राण शक्ति ना हो
अगर तो कहाँ से कर्म हो पायेगा
शक्ति ना हो अगर तो कैसे सोच-विचार पायेगा

पर किस सोच में क्या चुनाव करना है
ये तो व्यक्ति के हाथ में है
शक्ति ना हो तो ये सब व्यक्ति कहाँ से कर पायेगा
इसलिए ये कहा है जाता की प्रभु के बिना एक पत्ता भी
हिला ना पायेगा

ये किस धर्म की ओर हम जा रहे

इस बार ना कंस ना रावण ना कौरव का नाश होगा

इस बार दो रूप वाले धर्मियों का नाश होगा

प्रलय का क्या इंतज़ार करते हो
प्रकृति का नाश जो हो रहा वो प्रलय का ही रूप है

अपने-अपने धर्म पर अड़े भीष्म पितामाहो
सृष्टि के परिवर्तन के नियम को तुम कब समझोगे
क्या कृष्ण का तुम फिरसे कोई रूद्र रूप देखोगे

कलि तुम्हारे अंदर विराज रहा
तुमसे अपने हर वो काम करवा रहा
और दोष दूसरे समुदाये को दे रहे
ज़रा अपनी ओर भी देखो धर्म के नाम पर पाखंड तुम
भी तो फैला रहे

धर्म का काम था मानव चेतना का विस्तार करवाना
पर उसी को एक सीमा मे बाँध रहे
यह कौन से धर्म को तुम अपने अंदर पाल रहे

धर्म का काम था विकारों से मुक्त करवाना
पर खुद ही एक विकार बनते जा रहे
ये हम कौन से धर्म की ओर जा रहे?

सुकून का असली मर्म सिर्फ सच्चा जिज्ञासु जान पाया है

सुकून समझते लोग की तब होगा
जब ज़िंदगी मे सब कुछ ठीक होगा
गीता इसका प्रमाण है की सुकून अपने डर
अपने संघर्ष के बीच होगा
अर्जुन-सा समर्पण जब सही ज्ञान के प्रति होगा

तब डर और संघर्ष का संतुलन होगा
और ये भ्रम है की सुकून तब होगा
जब ज़िंदगी मे सब ठीक होगा
कृष्ण का जीवन, अर्जुन का जीवन कब था सुकून में

पीछे पड़े थे कभी भारी दुख
तो कभी देते थे अपने अपनों को ही दुख
पर फिर भी उनका उनसे सुकून ना कोई दूर कर पाया
वास्तव मे सुकून को तो उन्होंने ही समझ पाया

बाक़ी खोजते हैं लोग वस्तु, इंसान मे सुकून
पर सुकून के मर्म को असली जिज्ञासु ही समझ पाया

दो दिख रहे पर दो हैं नहीं

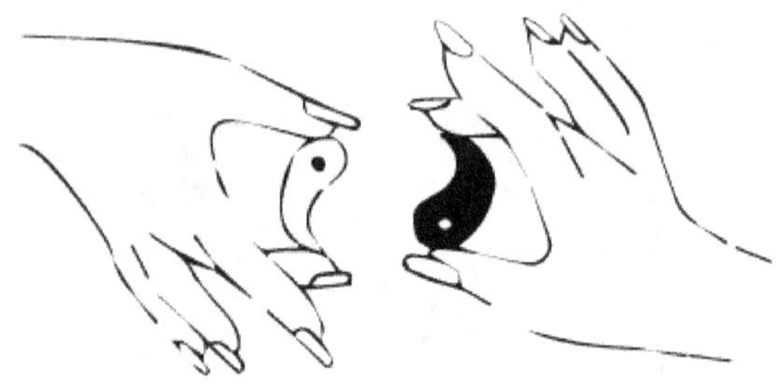

("मैं" शब्द यहाँ पर जो शरीर यह बोल या कह रहा है
उसको सूचित नहीं करता बल्कि उस शरीर मे वास
कर रहे परमात्मा को सूचित करता है)

ना कुछ मैं पाता हूँ ना मैं कुछ खोता हूँ
ना मैं मरता हूँ ना मैं जीता हूँ मैं बस हूँ

मुझमें ही सारी सृष्टि नृत्य कर रही
मुझमें ही समा रही
मैं होकर भी नहीं हूँ

मेरी अनंत संभावनाये सब योनियों मे व्यक्त हो रही

मैं ही हूँ जगत मे दूजा कोई नहीं
मेरी ही सब प्रतिबिम्ब सारे
जो लगते एक होकर भी बहुत सारे
जो लगते एक होकर भी बहुत सारे

तुम भी मैं
मैं भी तुम
ये अहंकार की अभिव्यक्ति नहीं
प्रेम से जो कोई इस वर्णन को पढ़े वो भी स्वयं यही है
ये जान पायेगा

मैं तुमसे अलग नहीं
तुम मुझसे अलग नहीं
हम दिख रहे दो पर दो हैं नहीं

अद्भुत भारत

कला जिसकी हवा मे बहती हो
नदियों की धारा जहां go with the flow का अद्भुत
दर्शन देती हो

जहां का दर्शन सिर्फ किताबी ज्ञान नहीं
व्यवहारिक जीवन का आधार बताती हो
ऐसी देव भूमि भारत को नमन हो
नमन हो
नमन हो

भारत महान है
सबके दिलो मे रखता एक ऊँची पहचान है
जहां सब ने अपनी भूमि को एक भूमि का टुकड़ा माना
है

वही भारतवासियों ने उसको अपनी माँ माना है
जहा भगवान किसी भेष मे आकर कमज़ोरो को
अपना बल देने आते हो
बलवानो को सही से शक्ति का प्रयोग करना सिखाते
हो

जहां सत्य-असत्य का ज्ञान पाया जाता हो
जहां विज्ञान को अध्यात्म का अंग ही माना जाता हो
ऐसी देव भूमि भारत को नमन हो
नमन हो
नमन हो

जीवन एक लीला है
जिसके केंद्र मे उत्साह का मेला है
भारत मे इतनी भिन्नताओं के रंग होते हुए भी ये देश
इतना रंगीला है

जहां सूरज को केवल सूरज नहीं देव का दर्जा दिया
जाता हो
जहां हर वस्तु को वस्तु की तरह ना देखकर उनमे
भावनाएँ डालकर जीवित किया जाता हो

जहां शमशान को भी पवित्र माना जाता हो
जहां ज्ञान योग, कर्म योग, भक्ति योग के मार्गों मे
भिन्नताएं होते हुए भी
सबको स्वीकारा जाता हो

जहां प्रश्न उठाना ही असली अध्यात्म की नींव माना
जाता हो
जहां शरीर मन के पार का ज्ञान संसार मे रहते हुए ही
पाया जाता हो

ऐसी देव भूमि भारत को नमन हो
नमन हो
नमन हो

जीवन जिसने पूरे दिल से जिया फिर क्या फ़र्क़ पड़ता छोटा जिया या लम्बा जिया

क्या मैं जल्द ही मर जाऊँगा? या कुछ साल या युग के बाद मेरी मृत्यु हो जाएगी

अगर मैंने ज़िंदगी जी ली है पूरे दिल से
यदि मैंने जीवन को कृत्यज्ञता के साथ वैसा ही
स्वीकार कर के जिया है
जैसा वह था

फिर मैंने जीवन को उसके शुद्ध और संस्करण में
जिया है

अगर मैंने लम्बा जीवन जिया है लेकिन जीवन भर
शिकायत करता रहा हूँ
हो सकता है की जीवन मुझे लम्बे समय तक जीवित
रहने वाला लगे

लेकिन मैं जीवन के सार से चूक गया हूँ
यदि मैंने छोटा जीवन जिया है लेकिन अँधेरे पक्ष और
प्रकाश पक्ष दोनों का आनंद लिया है

हो सकता है की जीवन मुझे छोटा लगे लेकिन मैं
जीवन के सार से नहीं चूका हूँ

(भावार्थ - कुछ लोग डरते हैं जल्दी मरने से किसी को
ये लगता है की लम्बा जीवन सफलता की निशानी है,
पर इस कविता में ये बात बताई गई है कि जीवन के
लम्बा और छोटे होने से इतना फ़र्क़ नहीं पड़ता, बल्कि
फ़र्क़ पड़ता है उसको कैसा जिया गया, फिर वो छोटा
ही क्यों ना हो या लम्बा ही क्यों ना हो, पर बात ज़रूरी
है की वो जीवन कैसा जिया गया।)

जब मिलन परमात्मा से होता है
तो फिर बुरा किसी का अपने
हाथों से होता नहीं

'रूह' की शादी जब कृष्ण से हो जाये
तो संसार मे किसी के भी हो जाये
अब किसी का बुरा उसके हाथों होगा नहीं
बेवजह के स्वार्थ के झगड़ो से गिला शिकवा होगा नहीं

अब वो खुदमे पूर्ण और सम्पूर्ण होगा
मन आनंद से भरा होगा
अहंकार से रहित होगा
अब वो हर रिश्ते सेवा के भाव से निभा रहा होगा
अब उसे किसीसे कुछ ना चाहिए होगा
इसीलिए वो सबके भले की कामना करता होगा
ऐसे व्यक्ति को समझने के लिए किसी को वैसा ही
होना होगा

उसे कोई पास रख ले या कोई ठुकरा दे
इसमें उसका नुकसान कहीं से ना होगा
अब वो जो था वो रहा नहीं
अँधेरे का दास वो अब रहा नहीं
है वो भी संसारी
पर मन से संसारी रहा नहीं

(भावार्थ - यहाँ शादी से तात्पर्य है मिलन का जब
भटका जीव अपने अज्ञान से अपने आपसे पुनः खुद
को पाता है तब वो एक हो जाता है, शादी में दो लोगो
का मिलन होता है पर यहाँ शादी के मूल अर्थ मिलन
का उपयोग किया गया है | जब वो जान जाता है सत्य
को तब उसके बाद की स्थिति क्या होगी उसका
कविता मे ज़िक्र हुआ है। कृष्ण यहाँ पर जो स्व है
उसको दर्शाता है।)

मुश्किलें झेलने की क्षमता हुई कम

जो मुश्किलें झेली जा नहीं सकती थी
वो झेली very smoothly
Internet का ऐसा ज़माना आया
कि जो झेली जा सकती है मुश्किलें
वो भी झेली अब जाती नहीं
जो परेशानी है नहीं
उसे अपने दिमाग़ मे बनाकर
परेशान होने का स्वांग रचा रहे
इतना कमज़ोर क्या मैं हूँ?
या ज्यादा आराम ने मुझे बना दिया कमज़ोर है?

Technology का तो काम था smart बनाना
पर उसके गलत उपयोग ने हमें dumb बना दिया
Relatable content बनाने वाले बन गए influencer
और हमारा mind देख कर हो गया numb
ज्ञान कहाँ से टिकेगा मन मे जब चीज़े हमें चाहिए
On hand and instant

जब समझ मिली गुरु से कि भक्ति क्या है

एक मन पहले समझता था की भक्ति से दुख-सुख का
चक्र मिट जाता है
जब समझ मिली गुरु से तो समझ आया
कि भक्ति से सम्भाव मे रहना आ जाता है
भक्ति से अहंकार का नाश समर्पण करने से हो जाता
है
मन अपने मूल से जुड़ जाता है

फिर कैसी भी हो परिस्थिति एक-सी मनोस्थिति का
अर्थ असल मे समझ आ जाता है
भक्ति कोई आडम्बर नहीं एक मनोस्थिति का नाम है
ये मन को समझ आजाता है

और फिर मन मे ये सवाल कि भक्ति करने के बाद भी
इतने दुख क्यों
ये सवाल स्वता मर जाता है

जब गुरु से समझ मिली की भक्ति कोई कर्म-कांड
नहीं
तब असली भक्ति का उदय ज़िंदगी में हो जाता है
फिर प्रेम ही प्रेम नज़र आता है

तो क्या हुआ

तो क्या हुआ
जो टूट गए
किसी को जोड़ते-जोड़ते

तो क्या हुआ
जो बिखर गए
किसी को सँवारते-सँवारते

तो क्या हुआ
मैं अब वो मैं रहा नहीं
किसी को जिताते-जिताते

सब दृष्टि का खेल है
जो सच मे गर टूटा वो अहंकार टूटा
जो था वो मैं रहा नहीं गर सच में
तब एहसास आभास हुआ जो हूँ

जो बिखर गया
तो समर्पण का रहस्य उसके ज़रिये उजागर हुआ

सब दृष्टि का खेल है
किसी के लिए वही परिस्थिति बुरी
तो किसी के लिए सोना हुई

श्री राम वनवास पाकर भी
छोटी सोच के शिकार हुए नहीं
भाई को राज्य पाकर देख अति खुश
और खुद वनवास पाकर हुए अति आनंदित

अध्यात्म के इस सूक्ष्म से रहस्य से लोग पीढ़ी दर
पीढ़ी होते रहे वंचित
सिद्धि-शक्ति के आवरण को ही अध्यात्म का मूल
मानते रहे
राम की वेशभूषा लेकर
राम को त्यागते रहे

कोमल हृदय परमात्मा को भाये

ये दुनिया संभाल नहीं सकती तुम्हारा भावना से भरा
दिल
ये दुनिया समझ नहीं सकती तुम्हारा इतना कोमल
निश्छल दिल
इन्हे तो लगता ये कमज़ोरी की निशानी है
पर कौन समझाये यही गुण परमात्मा को बहुत भाये
है

जिनमें अपार धैर्य तो कभी त्याग की भावना स्वयं
ईश्वर ने संजोये है
अब दोष भला संसार का भी क्या
जो सीमित इतना की हमारी तुम्हारी असीमित
भावना
असीमित भक्ति को खुद में समा पाये

प्रेम जब हद से बढ़कर भक्ति का रूप
तो कभी बड़ा रूप लेने लगे
इस असीमित संसार मे भावनाएँ जब असीमित होने
लगे
तब ज़रूरी है उन्हें असीमित के साथ हम जोड़ने लगे

ये करुणा जब हृदय मे संसार के प्रति जागेगी
तब इसका एहसास होगा मन में
कि मैं नादान सीमित संसार पर बेवजह अपना
असीमित भार दे रहा था
संसार तो है साधन और मैं उसे अपनी ख़ुशी का
ज़रिया बनाये बैठा था

(भावार्थ - ये सत्य है हमारा अपार प्रेम हमारी अपार
भावनाएँ, हमारे अपार दुख, सिर्फ ईश्वर संभाल सकते
हैं क्योंकि वो असीमित है उसमे सब समा जाता है।
हमारे आसपास सब ये बोझ नहीं संभाल सकते
क्योंकि वे भी खुद सीमित हैं इसलिए ये एहसास जब
जगता है मन में तो संसार के दिए दुख कम पीड़ा देते
हैं क्योकि हर कोई अपना अहंकार त्याग कर इस
असीमित को अपना दुख, अपना प्रेम, अपनी
भावनाएँ, समर्पित नहीं कर पाता या पाती।)

एक सच्चे पुरुष को भी सब पुरुषों की तरह तोल दिया जाता है

एक सच्चे पुरुष की आवाज़ कहीं दब-सी जाती है
उसका प्रेम उसकी पीड़ा उसका विरह
सब पुरुषों की तुलना मे एक-सा तोल दिया गया हर बार है

पुरुषोत्तम तो कोई नहीं यहा पर इतना अमानव भी पुरुष नहीं
जितना "हर एक पुरुष एक जैसा होता" के वाक्य में तोल दिया जाता है
पुरुषों की वेदना पुरुषों का संघर्ष कोई अनोखा जग में ना होता है
पर उनका भी तो एक भावनात्मक पहलू होता है

सच्चे पुरुष इसमें भी संतुष्ट हो जाते हैं
चुप, शांत होकर खुद को heal कर लेते हैं
और हाँ ऐसे स्त्री और पुरुष आज भी होते हैं

ऐसे चरित्र सहेज होने के कारण सिनेमा में अब दर्शाये
नहीं जाते हैं
कूल को दर्शाते-दर्शाते हम toxicity को आत्मसात कर
बैठे हैं
और जीवन मे आई सहजता को ठुकरा कर खुद ही
दुख के कारण बन बैठे हैं

(भावार्थ - हर कोई एक जैसा नहीं होता चाहे वो कोई
स्त्री हो या पुरुष या कोई समुदाय का व्यक्ति।
इतिहास मे जिन्होंने गलत किया हम उसके लिए
आगे की पीढ़ी को उसी नज़रो से देखेंगे तो हम फिर से
इतिहास की पुनरावृति करेंगे।)

सृष्टि एक प्रेम लीला है

शिव के शून्य को
शक्ति गति देती है
शिव के संसार को
शक्ति श्रृंगार का अद्धभुत रंग देती है
ये प्रेम, शक्ति-शिव का विभिन्न रूपों में अभिव्यक्त
होता है

ना शिव पुरुष, ना शक्ति स्त्री
ये हमें समझाने के लिए दो रूपों में विभाजित होते हैं
ये मिलन-विरह का खेल चलता ही रहता है
प्रेम को समझा जिसने दीपेंद्र है
उसने सृष्टि के सार को देखा है
जिनके माध्यम से महसूस प्रेम हुआ
उनका मिलन पूरन
उनकी विरह भी पूरन होती है

(भावार्थ - ये दो दिखना ही तो माया है, इस द्वैत को हटाने का काम ही तो अध्यात्म करता है। द्वैत झूठ नहीं है वो भी है, पर पूर्ण रूप से तो द्वैत भी सत्य नहीं है क्योंकि जो मिट सकता है भविष्य में या जो होते हुए भी स्वप्न मात्र है उसके लिए मिथ्या शब्द का प्रयोग किया जाता है ताकि हम अपने आपको उससे जोड़ ना लें पर जब तक है उसकी जितनी ज़रूरत है उसको सुख मानकर ना जियें बल्कि साधन मानकर जियें ताकि जब त्यागने का समय आए तो हम तब भी उसको मन से पकड़े ना रहें।)